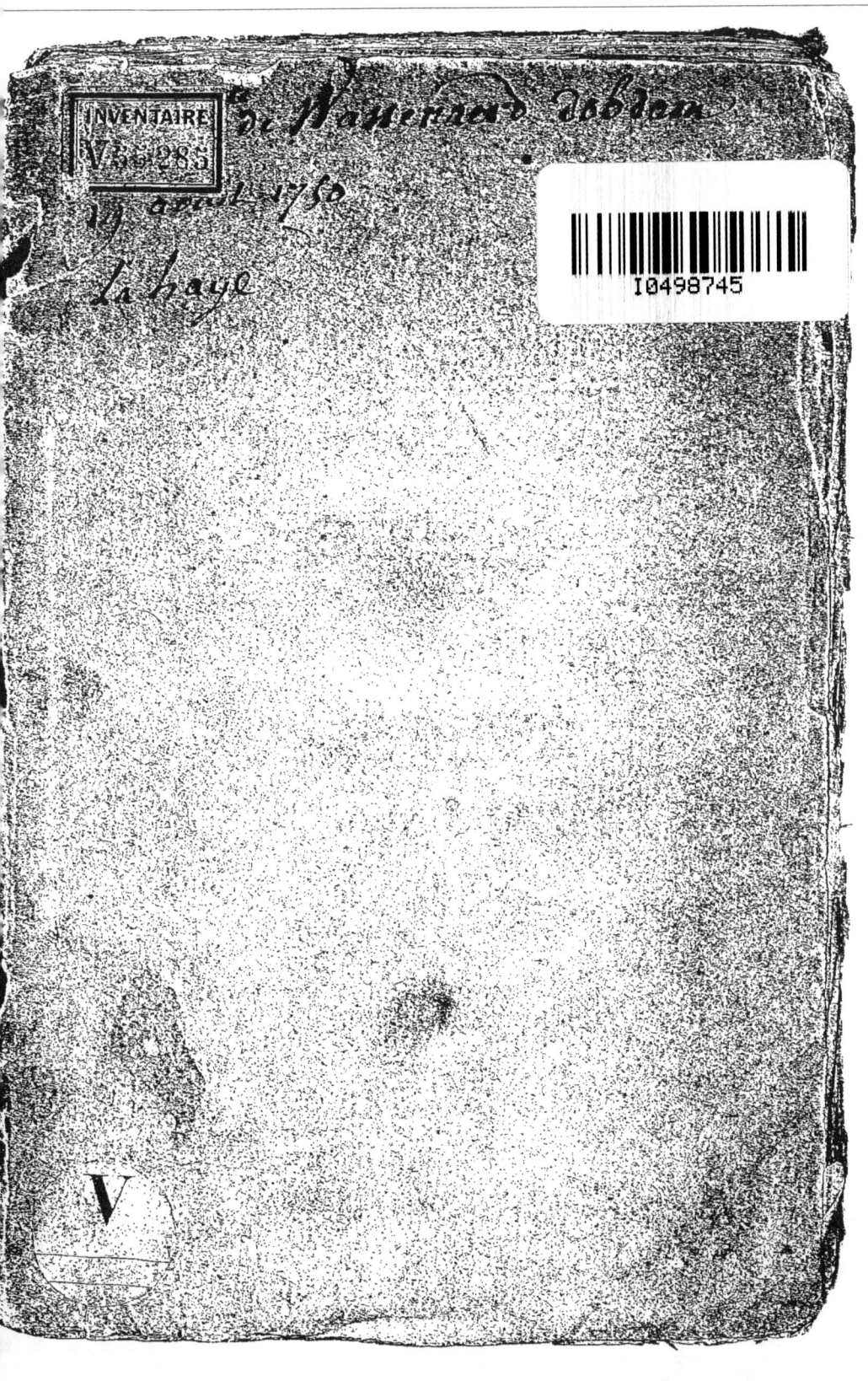

CATALOGUE
DES
TABLEAUX
DU CABINET DE MONSIEUR LE
COMTE DE WASSENAER
D'OBDAM &c. &c.

Dont la Vente Publique se fera le 19. Août 1750.

Dans la Maison

DE CE SEIGNEUR.

A LA HAYE,
Par PIERRE DE HONDT.

AVERTISSEMENT.

Tous les Tableaux de ce Cabinet sont parfaits dans leur Genre, & originairement des Peintres, dont ils portent le Nom, & de leur meilleur tems, au sentiment unanime des Connoisseurs; de plus sans défauts, ni blessures.

Ces Tableaux sont en Quadres de Bois, ciselez, & dorez, d'une Sculpture variée, & executée avec une extrême netteté & précision.

On s'est servi de la Mesure du Pied de Rhinland, pour prendre les dimensions des Tableaux.

On n'a pris ces dimensions, que sur les Tableaux mêmes, sans y comprendre les Quadres.

La Largeur de la bordure des Quadres est depuis $3\frac{3}{4}$ jusqu'à $1\frac{1}{2}$ Pouces, plus ou moins, selon la Grandeur des Tableaux.

Les acheteurs seront obligez d'ajouter $14\frac{1}{2}$ dûtes à chaque Florin.

Le Payement se fera en Argent blanc, & non en Or.

On ne delivrera aucune piece, que contre de l'Argent comptant.

Si quelqu'un neglige de retirer dans l'espace d'un Mois après la Vente, ce qu'il y aura acheté, il sera libre au Vendeur de le revendre sans aucune Formalité Juridique: a charge que, s'il en vient moins, la perte & les fraix seront pour compte du premier Acheteur, & s'il en vient plus, ce profit sera à l'avantage du Vendeur.

CATA-

BERIGT.

ALLE de Schilderyen van dit uitmuntend Cabinet, fyn volmaekt in haer foort, en Origineel van de Meefters waer van zy de naem dragen, en van haer befte tyd, na het eenparig oordeel der kenders: ook Gaef en Ongefchonden.

Dezelve fyn genoegfaem alle in Gefneedene en Vergulde Lyften, waer van het Snywerk gevarieert, en met de uiterfte Suiver- en Correctheit, uitgevoerd is.

Men heeft de grootte der Schilderyen bepaelt na Rynlandfe Voet-maet.

Men heeft de maet alleen genoomen van de Schilderyen felve, fonder daer onder te begrypen de Lyften.

De breette der Lyften is van $3\frac{3}{4}$ Duim tot $1\frac{1}{2}$ Duim, meer of min, na de grootte der Schilderyen.

De Koopers fullen verpligt zyn by ieder Gulden te voegen $14\frac{1}{2}$ duiten.

De Schilderyen fullen niet worden afgeleevert als toegens Contante betaeling, dewelke fal moeten gedaen worden, in Silver geld, en niet in Goud.

Indien iemand in gebreeke blyft het gekogte binnen een Maend na de Verkooping af te haelen en te betaalen, fal het aen den Verkooper vry ftaen het felve fonder eenige Regtspleeging wederom aen anderen te verkoopen, en indien 'er minder van mogt koomen, fal het zelve, mitsgaders de onkoften daer op loopende, zyn ten lafte van den eerften Kooper; dog indien 'er meerder van mogt koomen, zal zulks zyn ten voordeele van den Verkooper.

CATALOGUE DES TABLEAUX.

Nº.		Hauteur	Largeur en Pouces.
	P: P: RUBENS.		
1	Portrait d'un Homme avec une main	21½	18
	REMBRANT.		
2	Portrait de lui même, orné d'une chaine d'or	21½	18¼
3	Tête d'un Vieillard couverte d'un Bonnet	16½	13
4	Portrait à mi-corps, le Chapeau en Tête, Fraise & Manteau	11	9
5	Tête d'un Vieillard en profil	7	6
6	—— d'un Vieillard barbu, le chapeau en Tête	7½	6
7	—— d'un Vieillard	7½	6
8	Portrait avec deux mains	7½	6
9	Tête en profil, avec un Turban	7½	6
10	—— avec un Turban brun	7½	6

11 Tête

		fl.
1	- - - - - - - - -	171 "
2	- - - - - - - - -	202
3	- - - - - - - - -	145
4	- - - - - - - - -	95
5	- - - - - - - - -	26
6	- - - - - - - - -	23
7	- - - - - - - - -	18
8	- - - - - - - - -	36
9	- - - - - - - - -	33
10	- - - - - - - - -	37
		= 786

CATALOGUS
DER
SCHILDERYEN.

No.		Hoogte	Breette
	P: P: RUBENS.	Duimen.	
1	Een Borftftuk, met een hand op de Borft.	21½	18
	REMBRANT.		
2	Portrait van hem zelve, met een Goude Ketting om	21½	18¼
3	Een Oud Man met een Baerd, een Muts op 't Hooft	16½	13
4	Een Portrait half Leeven, met den Hoed op, Kraeg en Mantel	11	9
5	Een Hooft van een Oud Man in profil	7	6
6	——— van een Oud Man met een Baerd, en een Hoed op	7½	6
7	——— van een Oud Man	7½	6
8	Het Doctoortje, met 2 Handen	7½	6
9	Een Hooft in profil met een Tulband	7½	6
10	——— met een bruine Tulband	7½	6

Catalogue des Tableaux.

Nº.	Hauteur	Largeur
	en Pouces.	
11 Tête d'un Vieillard barbu	7½	6
12 ——— d'un Vieillard avec un bonnet Rouge	8	7

GERHARD TER BURG.

13 Portrait d'un Homme, le Chapeau en Tête	7½	6

HANS HOLBEEN.

14 Portrait Original d'Erasme	7	5½

LUCAS VAN LEYDEN.

15 Portrait, de l'Année 1522.	14½	11½

GERHARD DOU.

16 Une Fille versant du Lait dans un Plat, avec quantité d'ustenciles & autres accompagnemens	14	10½
17 Une Fille mangeant du Lait, avec accompagnemens	12	14½
18 Une Vieille, caressant un chat	8¼	7½

FLUWEELEN BREUGEL.

19 Vuë d'un Village avec beaucoup de figures, chariots, &c.	8½	12
20 Paisage, avec figures, charettes &c.	8½	12

21 Grand

	Ci Contre	81 5
		786

11	30
12	64
13	24
14	45
15	69
16	170
17	100
18	115
19	510
20	515
	= 4568

Catalogus der Schilderyen.

N°.		Hoogte | Breette Duimen.	
11	Een Oudmans Hooft met een Baerd.	$7\frac{1}{2}$	6
12	——— met een rood- de Muts	8	7

GERHARD TER BURG.

13	Een Man met een Hoed op	$7\frac{1}{2}$	6

HANS HOLBEEN.

14	Portrait van Erafmus	7	$5\frac{1}{2}$

LUCAS VAN LEYDEN.

15	Een Portrait van A°. 1522	$14\frac{1}{2}$	$11\frac{1}{2}$

GERHARD DOU.

16	Een Meisje, melk gietende in een Schotel, met veel bywerk	14	$10\frac{1}{2}$
17	Een Meisje dat Pap eet, fittende by 't vuur, met veel bywerk	12	$14\frac{1}{2}$
18	Een Oude Vrou, die met een Kat fpeelt	$8\frac{3}{4}$	$7\frac{1}{2}$

FLUWEELEN BREUGEL.

19	Dorp gefigt, met veel Beelden, wagens &c	$8\frac{1}{2}$	12
20	Land gefigt, met Karten, Beelden &c	$8\frac{1}{2}$	12

21 Ri-

N°.		Hauteur	Largeur
		en Pouces.	
21	Grand Païsage, avec une Riviere, rempli de figures, Bateaux &c.	14	25
22	Vuë du Canal de Bruxelles, avec figures &c.	6	$8\frac{1}{4}$
23	Vuë d'un Village avec figures.	$4\frac{3}{4}$	$6\frac{1}{2}$

PHILIP WOUWERMAN.

24	Trois Chevaux, & des Païsans qui se reposent	13	$15\frac{1}{2}$
25	Une Ecurie, avec 9 chevaux & plusieurs figures	16	22

VAN DER WERF.

26	Jeunes Filles jouant aux Osselets	12	$9\frac{1}{2}$

ADRIAN VAN OSTADE.

27	Païsage avec un Troupeau de Bœufs	10	$12\frac{1}{2}$
28	Un Païsan qui fume	$8\frac{1}{2}$	7
29	Une Vieille Femme avec un Devidoir	$8\frac{1}{2}$	7
30	Un Advocat, lisant dans son Etude	11	$8\frac{1}{2}$
31	Un Medecin examinant un Urinal	11	$8\frac{1}{2}$
32	Deux Païsans, qui fument	$8\frac{1}{4}$	7
33	Deux Païsans, dont l'un fume & l'autre boit	$8\frac{1}{4}$	7

Ci Contre	4568 —
21	1160
22	310
23	135
24	527
25	895
26	750
27	85
28	64
29	58
30	245
31	330
32	125
33	125
	= 9357

Catalogus der Schilderyen.

N°.	Hoogte | Breette Duimen.	
21 Rivier-gefigt vol Beelden en Schepen	14	25
22 De Brusselse Vaert, met Karren, Beelden &c	6	$8\frac{1}{4}$
23 Een Dorp-gezigt, met Beelden	$4\frac{3}{4}$	$6\frac{1}{2}$

PHILIP WOUWERMAN.

24 Drie Paarden met Rustende Boeren.	13	$15\frac{1}{2}$
25 Een Stal met 9 Paarden en verscheide Beelden	16	22

VAN DER WERF.

26 Meisjes die Bikkelen	12	$9\frac{1}{2}$

ADRIAN VAN OSTADE.

27 Landschap, met een Drift Beesten.	10	$12\frac{1}{2}$
28 Een Rookende Boer	$8\frac{1}{2}$	7
29 Besje met een Haspel	$8\frac{1}{2}$	7
30 Een Advocaet leesende	11	$8\frac{1}{2}$
31 Een Med: Doctor ziende op een Fles	11	$8\frac{1}{2}$
32 Twee Rookende Boertjes	$8\frac{1}{4}$	7
33 Twee Boertjes, een Rookende en een Drinkende	$8\frac{1}{4}$	7

B   34 Drin

Catalogue des Tableaux.

Nº		Hauteur	Largeur en Pouces.
34	Des Paisans, qui boivent	10½	9
35	Un Joueur de Viélle & plusieurs Paisans	10	13
36	Des Paisans jouant au Tric Trac dans une Maison, avec 10 figures & accompagnement	12	10
37	Un Alchymiste, une Femme, quelques Garçons, & beaucoup d'accompagnemens	13	17
38	Une Femme travaillant à l'aiguille, & un Enfant dans une Maison, avec beaucoup d'accompagnemens	15	13
39	Des Paisans & Paisannes, qui dansent devant une Maison, avec 16 ou 17 figures	17½	22
40	Un Homme à cheval, avec plusieus figures, des Vaches, Cochons Chiens, devant une Ferme	22	19
41	Une Paisanne qui file, pres d'elle un Garçon, & 2 autres dans le Lointain devant une Maison	17½	14
42	Ecole de Village	9	7¼
43	Vieillard assis sous un Arbre	10	8¾
*43	Bis, un Avocat d'une figure Pittoresque		

GABRIEL METZU.

| 44 | Un Homme qui fume avec une Femme derrière lui | 10¾ | 9 |

PAUL

                    Cy Contre......   9259..

34 . . . . 182.
35 . . . . 385.
36 320
37 910
38 285
39 2160
40 400
41 200
42 505
43   30
43*   40
44 283
                              ─────
                               15057

Catalogus der Schilderyen.

N°.		Hoogte	Breette.
		Duimen.	
34	Drinkende Boeren	10½	9
35	Lierman met veel Boeren	10	13
36	Boeren in 't Verkeerbort speelende, in een Binnenhuis, met 10 Beelden.	12	10
37	Een Alchimist, een Vrou, en Jongens, Bywerk	13	17
38	Een Vroutje, dat naait, en een Kind, in een Binnenhuis, met veel Bywerk	15	13
39	Danssende Boeren en Boerinnen, buiten Huis, met 16 à 17 Beelden.	17½	22
40	Een Man te Paerd met verscheide Beelden, Honden, Koeyen, Verkens, voor een Boeren Huis	22	19
41	Een spinnende Boerin, waer by een Jongen staet, en nog twee in 't verschiet, buiten Huis	17½	14
42	Kinder School	9	7¼
43	Een Oud Man met een stok, sittende onder een Boom	10	8¼
*43	Bis. Oud Man met een Swarte Muts.		

GABRIEL METZU.

| 44 | Een Man Rookende met een Vrouw agter hem | 10¾ | 9 |

	Hauteur	Largeur
	en Pouces.	

PAUL POTTER.

45 Païsage, avec quatre Vaches	$12\frac{1}{2}$	13
46 Païsanne, qui trait une Vache, & quelques autres Vaches, deux Païsans &c.	$19\frac{1}{2}$	17

ADRIAN VAN DE VELDE.

47 Un Bois, avec un Troupeau de Betail	9	$10\frac{1}{2}$
48 Païsage, avec des Vaches & Brebis	8	$10\frac{1}{2}$
49 Païsage, avec des Vaches & Brebis	$14\frac{1}{2}$	$16\frac{1}{2}$

CORNEILLE POELENBURG.

50 Des Nimphes, qui se baignent	$9\frac{1}{4}$	$12\frac{1}{2}$
51 Femmes Nuës, avec des Enfans	7	10

FRANZ MIERIS L'ANCIEN.

52 Une Vieille Femme, avec une Coëffe noire, lisant; paire de N°. 57	6	$4\frac{1}{2}$

WILLEM MIERIS.

53 Une Femme, qui vend des Chataignes, un Garçon, qui en achette, & beaucoup d'Accompagnemens	18	$14\frac{1}{2}$
54 Une Fille, tenant un Cocq a la main, un Garçon & accompagnemens	18	$14\frac{1}{2}$
55 Un Païsan, qui vend du Poisson à une Femme, dans une Cuisine Hollandoise, avec beaucoup d'accompagnemens.	19	16

56 Une

Cy Contre 15057

45	280
46	425
47	115
48	145
49	360
50	125
51	200
52	122
53	322
54	402
55	500

= 18603

Catalogus der Schilderyen.

Nº.		Hoogte	Breette
	PAUL POTTER.	Duimen.	
45	Vier Koeyen in een Lanfchap .	12½	13
46	Een Boerin die een Koe Melkt, ftotende Beeften, 2 Boeren, een Hond	19½	17
	ADRIAN VAN DE VELDE.		
47	Een Bofch met een Drift Beesjes.	9	10½
48	Landfchap met Koeyen en Schapen	8	10½
49	Landfchap met Koeyen en Schapen	14½	16½
	CORNEL: POELENBURG.		
50	Baedende Nymphen . . .	9¼	12½
51	Naekte Vroutjes met Kindertjes .	7	10
	FRANZ MIERIS D'OUDE.		
52	Een Oude Vrou met een zwarte Kaper, leefende; paar van Nº. 57.	6	4½
	WILLEM MIERIS.		
53	Een Wyf dat Carftanjes weegt, met een Jongen, en veel bywerk.	18	14½
54	Een Meisje, met een Haen in de Hand, met een Jongen, en bywerk.	18	14½
55	Een Boer, die Vifch verkoopt aen een Vrou, met veel bywerk, in een Keuken	19	16

No.		Hauteur	Largeur en Pouces.
56	Une Boutique de Denrées de Consommation, avec une Femme & un Garçon & beaucoup d'accompagnemens	19	16
57	Un Matelot tenant un Verre d'une main & une Pipe de l'autre; paire de N°. 52	6	4½
58	Compagnie de Singes, prenant le Caffé, assorti à N°. 94	11½	14½
59	Paisage près d'un Canal en Hollande	9	12½
60	Paisage Montagneux	6	9
61	Vuë d'un Village Hollandois	7½	9
62	Un Homme avec un Bonnet de Fourrures, lisant la Gazette	5½	5

FRANZ MIERIS, LE JEUNE.

63	Une Femme avec un Brochet dans un Bassin de Cuivre	7¼	6
64	Une Femme mangeant du Lait	6½	5½
65	Un Homme, un pot de Bierre à la main	6½	5½

HANS ROTTENHAMER.

66	Une Danäé, recevant la pluie d'or	8	9¼
67	La chute de Phaëton, avec beaucoup de figures; Paisage par Fluweele Breugel	15	21

GOTTFRIED SCHALKE.

| 68 | Une Fille, faisant des Saussisses, avec un Garçon & accompagnemens | 12 | 9 |

69 Une

Ci. Contre......... 18.603

56 546
57 125
58 227
59 73
60 70
61 136
62 23

63 38
64 28
65 23

66 150
67 150
68 465
           ──────────
           22.017

Catalogus der Schilderyen.

N°.		Hoogte	Breette
		Duimen.	
56	Een Kruideniers-winkel of Comeny, met 2 Beelden	19	16
57	Een Matroos met een Glas en Pyp in handen; paar van N°. 52	6	4½
58	Aepe Gefelfchap, Coffy drinkende; paar van N°. 94	11½	14½
59	Landfchap aen een Vaert	9	12½
60	Bergagtig Landfchap	6	9
61	Een Dorpsgefigt	7½	9
62	Een Man, met een Bonte Muts, de Courant leefende	5½	5

FRANS MIERIS DE JONGE.

63	Een Vrou met een Snoek in een Kooperen Emmer	7¼	6
64	Een Vrou die Melk eet	6½	5½
65	Een Man met een Kan in de Hand	6½	5½

HANS ROTTENHAMER.

66	Een Danaë	8	9½
67	Val van Phaëton, met veel beelden, Landfchap van Fluweelen Breugel	15	21

GOTTFRIED SCHALKE.

| 68 | Een Meisje, dat worſt ſtopt, met een Jongen | 12 | 9 |

69 Een

Catalogue des Tableaux.

N°.		Hauteur	Largeur
		en Pouces.	
69	Une Fille, voulant prendre un Papillon sur des Fleurs à une Fenêtre	12	9
	JAN STEEN.		
70	Foire de Village	8	$9\frac{1}{2}$
	DU SART.		
71	Des Paisans, qui se battent	8	$9\frac{1}{2}$
	ADRIAN BROUWER.		
72	Des Paisans, qui se battent dans une Cuisine	10	13
	VAN TOLL.		
73	Un Homme mangeant du Harang	$10\frac{1}{4}$	$7\frac{1}{2}$
	J: BEGA.		
74	Un Alchymiste, avec beaucoup d'accompagnemens	14	$12\frac{1}{2}$
	ROELAND XAVERY.		
75	Paisage avec des Lions & Tigres	9	14
76	Paisage avec des Vaches, des Chevres, & des Brebis	18	32
77	Paradis Terrestre, avec grand nombre d'Animaux	21	35
78	Paisage, avec differens Animaux	7	$10\frac{1}{2}$
	PAULO BRILL.		
79	Vuë près de Rome, & quantité de fig.	$8\frac{1}{2}$	$11\frac{1}{4}$

80 Pai-

C.^e Contre .... 22017 .. fl. S

69 . . . . 252.

70 . . . . 61.

71 200

72 378

73 . . . . 155.

74 300

75 . . . . 50.

76 . . . . 225.

77 138

78 . . . . 65.

79 434
　　　　　　　　　　　―――――
　　　　　　　　　　　24171.

N?.	Hoogte | Breette Duimen.	
69 Een Meisje, een Capelle vangende in een Venster	12	9
JAN STEEN.		
70 Een Boere-Kermis	8	9½
DU SART.		
71 Vegtende Boeren	8	9¼
ADRIAN BROUWER.		
72 Vegtende Boeren, in een Keuken	10	13
VAN TOLL.		
73 Een Man Eetende een Haring	10¼	7½
J: BEGA.		
74 Een Alchimist met veel bywerk	14	12½
ROELAND XAVARY.		
75 Leeuwen en Tygers in een Landschap	9	14
76 Landschap, met Koeyen, Geiten, Schapen &c	18	32
77 Aerds Paradys met veel Dieren	21	35
78 Een Landschap met verscheide Dieren	7	10½
PAULO BRILL.		
79 Gesigt by Romen, vol Beelden	8½	11¼

C

80 Berg-

N°.	Hauteur	Largeur en Pouces.
80 *Paisage Montagneux*	$8\frac{1}{2}$	$11\frac{1}{2}$

HERMAN SAGTLEVEN.

81 *Paisage, avec figures*	9	11
82 *Vuë sur le Rhin, avec plusieurs bateaux & figures*	$8\frac{1}{2}$	12
83 *Vuë en Allemagne, avec figures*	14	18
84 *Paisage, avec figures*	6	9
85 *Vuë sur le Rhin, avec plusieurs figures*	9	$12\frac{1}{2}$
86 *Paisage, avec figures*	$4\frac{1}{2}$	6
87 *Paisage, avec figures*	$4\frac{1}{2}$	6

GRIFFIER L'ANCIEN.

88 *Vuë sur le Rhin, avec plusieurs figures*	$10\frac{1}{2}$	13
89 *Vuë sur le Rhin, avec beaucoup de figures*	10	13
90 *Vuë sur le Rhin, près d'une Ville, avec beaucoup de figures*	10	13

GRIFFIER LE JEUNE.

91 *Vuë sur le Rhin, avec figures*	11	$14\frac{1}{2}$
92 *Vuë dans des Montagnes, près d'une Ville, avec figures*	11	$14\frac{1}{2}$

C.' Coulve _____ 24471

80	400
81	220
82	262
83	316
84	220
85	114
86 87	120
88	201
89	212
90	207
91	208
92	202
	26853

N°.	Hoogte	Breette
	Duimen.	
80 Bergagtig Gefigt	8½	11½

HERMAN SAGTLEVEN.

81 Land gefigt, met Beelden . .	9	11
82 Rhyn gefigt met veele Scheepjes, en Figuren	8½	12
83 Een gefigt van Switfer-of Duitsland met Beelden . . .	14	18
84 Land gefigt met Beelden . .	6	9
85 Rhyn gefigt met veel Figuren .	9	12½
86 Landfchap met Beelden . .	4½	6
87 Een Landfchap, met Beelden .	4½	6

GRIFFIER D'OUDE.

88 Een Rhyn gefigt, met Beelden .	10½	13
89 Een Rhyn gefigt, met veel Beelden.	10	13
90 Een Rhyn gefigt, vooraen een Stad met veel Beelden . . .	10	13

GRIFFIER DE JONGE.

91 Een Rhyn gefigt met Beelden .	11	14½
92 Een gefigt in Bergen by een Stad, met Beelden . . .	11	14½

Catalogue des Tableaux.

	Hauteur	Largeur en Pouces.
PIETER GYSSELS.		
93 *Vuë sur le Rhin, avec figures*	8	10
NICLAES VAN VEERENDAEL.		
94 *Compagnie de Singes à table, faisant les Rois, assorti à N°. 58*	$11\frac{1}{2}$	$14\frac{1}{2}$
VAN DER HEYDE.		
95 *Vuë de la Cour de Bruxelles par derrière, ornée par Adrian van de Velde*	$9\frac{1}{4}$	11
96 *Vuë d'une porte de Ville*	$9\frac{1}{4}$	11
97 *L'Ancienne Porte des Reguliers à Amsterdam, ornée par Adrian van de Velde*	$9\frac{1}{2}$	13
98 *Vuë dans une Ville, ornée par le même.*	9	$10\frac{1}{2}$
HENDRIK VAN STEENWYK.		
99 *Une Eglise Catholique Romaine, les figures par Fluweelen Breugel*	13	18
100 *Une Eglise comme ci-dessus, les figures par Fluweelen Breugel*	14	22
JAN BOTH.		
101 *Paisage, avec un Troupeau de betail.*	10	$12\frac{1}{2}$
102 *Paisage, avec des figures*	19	24

JAN

                    C. Conue _ _ _ _ _ 26.953   fl. s

93 _ _ _ _ _ _ _ _ _ _ _ _ _ 206
94 _ _ _ _ _ _ _ _ _ _ _ _ _ 150
95 _ _ _ _ _ _ _ _ _ _ _ _ _ 172
96 _ _ _ _ _ _ _ _ _ _ _ _ _ 200
97 _ _ _ _ _ _ _ _ _ _ _ _ _ 210
98 _ _ _ _ _ _ _ _ _ _ _ _ _ 202

99 _ _ _ _ _ _ _ _ _ _ _ _ _ 222
100 _ _ _ _ _ _ _ _ _ _ _ _ 365
101 _ _ _ _ _ _ _ _ _ _ _ _ 70
102 _ _ _ _ _ _ _ _ _ _ _ _ 105
                            ─────
                          = 28755

Catalogus der Schilderyen.

N°.	Hoogte	Breette
PIETER GYSSELS.	Duimen.	
93 Een Rhyn gefigt met Beelden	8	10
NICLAES VAN VEERENDAEL.		
94 Aepe Gefelfchap, op drie Koningen Avond; paer van N°. 58	11½	14½
VAN DER HEYDE.		
95 Gefigt van 't Hof van Bruffel van agteren, geftoffeert door *Adr: van de Velde*	9¼	11
96 Weergae, *van defelve een Stads Poort*	9¼	11
97 De Oude Reguliers Poort van Amfterdam, geftoffeert door *Adr: van de Velde*	9½	13
98 Gefigt in een Stad, geftoffeert, door *defelve*	9	10½
HENDRIK VAN STEENWYK.		
99 Een Roomfche Kerk, met Beeldjes, van Fluweelen Breugel	13	18
100 Roomfche Kerk, met Beeldjes van Fluweelen Breugel	14	22
JAN BOTH.		
101 Landfchap met een Drift Beesjes	10	12½
102 Landfchap met eenige Beelden	19	24

C 3   JAN

Catalogue des Tableaux.

No.		Hauteur	Largeur
		en Pouces.	
	JAN VAN GOOL.		
103	Paisage, avec des Chiens	9	14
	ADAM ELSHAMER.		
104	Jupiter & Mercure chez Philemon & Baucis	6½	9
	CHALON.		
105	Vuë d'une Riviere & de Montagnes	10	12½
	SEBASTIAN FRANCK.		
106	Un Bal à une Cour, avec beaucoup de figures	23	34
	PHILIP VAN DYK.		
107	Une Vielle badinant avec un Chat	9	6½
108	Une fille qui plume un Cocq à la fenêtre	10	7½
	JAN DEKKER.		
109	Paisage, avec une Ferme, & un Paisan passant sur une planche	19	24
	BREKELENCAMP.		
110	Une Femme en Couche, & trois figures	13¾	12
	MOMPER.		
111	Paisage, les figures par Fluweelen Breugel	18	29

G. Coutu ..... 28755 . A.5

103 103
104 305
105 105
106 200
107 90
108 204
109 102
110 145
111 116
                              30119

N°.	Hoogte	Breette
JAN VAN GOOL.	Duimen.	
103 Landschap met Honden	9	14
ADAM ELSHAMER.		
104 Jupiter en Mercurius, by Philemon en Baucis	$6\frac{1}{2}$	9
CHALON.		
105 Een Rivier- en Berg-gesigt	10	$12\frac{1}{2}$
SEBASTIAN FRANK.		
106 Een Bal aen een Hoff, met veel Beelden.	23	34
PHILIP VAN DYK.		
107 Een Besje die met een Kat speelt.	9	$6\frac{1}{2}$
108 Een Meisje plukkende een Haen uit een Venster	10	$7\frac{1}{2}$
JAN DEKKER.		
109 Een Landschap, met een Boerewoning	19	24
BREKELENKAMP.		
110 Een Kraem Vrou, en drie Figuren.	$13\frac{3}{4}$	12
MOMPER.		
111 Landschap, en Beeldjes van Fluweelen Breugel	18	29

VIN-

Catalogue des Tableaux

No.		Hauteur	Largeur
		en Poûces.	
	VINKEBOOM.		
112	Foire de Village, avec nombre de figures	17	27
	WILLEM VAN DE VELDE.		
113	Une Eau Calme, & des Bateaux	$5\frac{1}{4}$	$7\frac{1}{2}$
	JOCHEM UITTEWAEL.		
114	Le Combat des Geans contre les Dieux	6	8
	ADAM WILLAERTS.		
115	Vuë de Mer, avec des Rochers, Vaisseaux & figures	24	40
	VORSTERMAN.		
116	Paisage Montagneux, avec plusieurs figures	$7\frac{1}{2}$	9
117	Paisage, avec figures	6	$8\frac{1}{4}$
	WYNANTS.		
118	Paisage, & une Chasse dans un lointain	$10\frac{1}{2}$	$14\frac{1}{2}$
	VAN DEN BOSCH.		
119	La Ville d'Anvers, vuë du côté de la Tête de Flandres	20	37
	VAN DER NEER.		
120	Paisage, avec des Vaches	9	$12\frac{1}{2}$

C. Contre . . . . . . 3019 . . H.

112 . . . . 202.

113 . . . . 82.

114 300

115 . . . . 166.

116 . . . . 112.

117 . . . . 61.

118 . . . . 61.

119 78

120 . . . . 101.
─────────
3128.

Catalogus der Schilderyen.

N°.		Hoogte	Breette
		Duimen.	
	VINKEBOOM.		
112	Boere Kermis, vol Beelden, en bywerk	17	27
	WILLEM VAN DE VELDE.		
113	Een stil Water, met Scheepjes	$5\frac{1}{4}$	$7\frac{1}{2}$
	JOCHEM UITTEWAEL.		
114	De Reusen stryd, tegen de Gooden.	6	8
	ADAM WILLAERTS.		
115	Zeestuk, met Scheepen, Beelden, Rotsen	24	40
	VOSTERMAN.		
116	Een Bergagtig gesigt met veel Beelden	$7\frac{1}{2}$	9
117	Een Land gesigt met Beelden	6	$8\frac{1}{4}$
	WYNANTS.		
118	Een Landschap, met een Jagt in 't Verschiet	$10\frac{1}{2}$	$14\frac{1}{2}$
	VAN DEN BOSCH.		
119	De Stad Antwerpen van 't Vlaemse Hooft te zien	20	37
	VAN DER NEER.		
120	Een Landschap met Koeyen	9	$12\frac{1}{2}$

D   NIEUW-

Catalogue des Tableaux.

	Hauteur	Largeur en Pouces.
NIEUWLAND.		
121 Une Vuë avec des Edifices Antiques.	10	15

Par SAVERY ou d'après lui.

122 Un grand Tableau, représentant un Desert, avec grand nombre d'Animaux de toute sorte;

Haut 6½ ⎫
Large 13½ ⎬ pieds.

D'un MAITRE ITALIEN.

123 Cavalcade d'un Pape, avec beaucoup de figures, dans le Lointain, l'Entrée de Jesus-Christ, dans Jerusalem.

CATA-

C. Contre . . . . . 31.281.

121 15

122 50

123 50

Total . . . . . 31.486.

	Hoogte	Breette
	Duimen.	

NIEUWLAND.

121 Een gefigt met antique Gebouwen. | 10 | 15

Van of nae SAVARY.

122 Een groot ftuk Verbeeldende een Wildernis vól allerhande Dieren.
Hoog $6\frac{1}{2}$ }
Breed $13\frac{1}{2}$ } voet.

Van een ITALIAANS MEESTER.

123 Cavalcade van een Paus, met veel Beelden, in 't verfchiet de Intrée van de Heere Chriftus in Jerufalem.

CATALOGUE
DE
DESSEINS A LA PLUME,
Lavez, & en Detrempe, faits par différens Maitres renommez.

DE MINIATURES
Représentans des ANIMAUX, OISEAUX, FLEURS, FRUITS, REPTILES, INSECTES, PAPILLONS, COQUILLAGES, &c. &c.

Par HENSTENBURG, BRONKHORST, HOLSTEIN, WITHOOS, VAN VEEN, M. S. MERIAN, & autres.

DE DESSEINS INDIENS
EN MIGNATURE, d'une beauté SINGULIÈRE, *représentans*, DES CHASSES, FETES, ET FESTINS, D'HOMMES ET FEMMES, DES PORTRAITS D'EMPEREURS, ROIS, ET GRANDS DU MOGOL, INDOSTAN, GOLCONDE, VISAPOUR ET AUTRES;

DU CABINET DE MONSIEUR LE
COMTE DE WASSENAER
D'OBDAM &c. &c.

Dont la Vente Publique se fera dans la Maison de ce Seigneur le 19. Août 1750.

A LA HAYE,
Par PIERRE DE HONDT.

AVERTISSEMENT.

LES *Desseins & Mignatures*, où l'on n'a point ajouté le mot Parchemin, sont sur du Papier.

Les *Acheteurs* seront obligez d'ajouter $14\frac{1}{2}$ Dutes à chaque Florin.

Le *payement* se fera en Argent Blanc & non en Or.

On ne *delivrera* aucune Pièce, que contre de l'Argent comptant.

Si *quelqu'un* neglige de retirer, dans l'espace d'un Mois après la Vente, ce qu'il y aura acheté, il sera libre au Vendeur de le revendre sans aucune Formalité Juridique: a charge que, s'il en vient moins, la perte & les fraix seront pour compte du premier Acheteur, & s'il en vient plus, ce profit sera à l'avantage du Vendeur.

B E.

BERIGT.

DE Teekeningen en Miniatures, daar het woord *Parkement* niet bygevoegt is, zyn op Papier.

De Koopers fullen verpligt zyn, by ieder Gulden der Kooppenningen te voegen $14\frac{1}{2}$ Duiten.

De Betaelinge fal gedaen worden in Hollands Silver Geld, en niet in Goud.

Men fal geen Stukken afleeveren als teegens Contante Betaelinge.

Indien iemand in gebreeke blyft het gekogte binnen een Maend na de Verkooping af te haelen en te betaalen, fal het aen den Verkooper vry ftaen het felve fonder eenige Regtspleeging wederom aen anderen te verkoopen, en indien 'er minder van mogt koomen, fal het zelve, mitsgaders de onkoften daer op loopende, zyn ten lafte van den eerften Kooper; dog indien 'er meerder van mogt koomen, zal zulks zyn ten voordeele van den Verkooper.

CATALOGUE
DE
DESSEINS A LA PLUME.
Livre A.

TESTE CAPRICIOSE DI LIONARDO DA VINCI, ou Caricatures, consistant en Têtes Bizarres, dessinées à la plume par ce fameux Peintre, in Folio en veau. Ces Desseins sont plaquez deux à deux sur chaque feuille du Livre; chaque Dessein represente deux Têtes, & seront vendues par paires, selon les numeros marquez sur chaque feuille.

Boek A.

TESTE CAPRICIOSE DI LIONARDI DA VINCI, bestaende in Bizarre Koppen en Tronien, origineel door dien vermaerden Schilder met de pen geteekent; zeer raar; Folio franse band: de Teekeningen zyn twee aan twee op een blad geplakt, ieder Teekening verbeeld twee Koppen; en zullen verkogt worden by paeren na de nommers op ieder blad gemerkt, als volgt.

1	Deux Desseins, chacun à deux Têtes.		
	Twee Teekeningen, ieder met twee Koppen.		
2	Twee dito.	3	Twee dito.
4	Twee dito.	5	Twee dito.
6	Twee dito.	7	Twee dito.
8	Twee dito.	9	Twee dito.
10	Twee dito.	11	Twee dito.
12	Twee dito.	13	Twee dito.
14	Twee dito.	15	Twee dito.
16	Twee dito.	17	Twee dito.
18	Twee dito.	19	Twee dito.
20	Twee dito.	21	Twee dito.
22	Twee dito.	23	Twee dito.
24	Twee dito.	25	Twee dito.
26	Twee dito.	27	Twee dito.
28	Twee dito.	29	Twee dito.

30 Twee

TEEKENINGEN.

30 Twee dito.   31 Twee dito.
32 Twee dito.   33 Twee dito.
34 Twee dito.   35 Twee dito.
36 Twee dito.   37 Twee dito.
38 Twee dito.   {39/40} Drie dito.

Porte Feuille B.

1 { *Breugel d'Enfer; La Tentation de St. Antoine.*
    Helfchen Breugel. Tentatie van St. Antoine.

2 { *Payfage de Breugel.*
    Landfchap van Breugel.

3 Dito.
4 Dito.
5 Dito.

6 { *Vues de Riviere de Breugel.*
    Watergefigten van Breugel.

7 Dito.
8 Dito.
9 Dito.

10 { *Payfage en Mignature de A. van Everdingen.*
     Landfchap Waterverf van A. van Everdingen.

11 Dito.   12 Dito.
13 Dito.   14 Dito.
15 Dito.   16 Dito.
17 Twee dito.   18 Een dito.
19 Dito.   20 Dito.

21 { *Payfage de Rademaker.*
     Landfchap van Rademaker.

22 Dito.
23 Dito.

24 { *Payfage de J. Goedart.*
     Landfchap van J. Goedart.

25 Dito.

26 { *Dito de Jean van de Velde.*
     Dito van Jan van de Velde.

27 Di

DESSEINS.

27 Dito.
28 Dito.
29 { *Dito d'Esaïe van de Velde.*
   { Dito Esayas van de Velde.
30 { *Dito le Bord de la Mer.*
   { Dito Strand.
31 { *Onze Figures de H. Sagtleeven.*
   { Elf Beeldjes van H. Sagtleeven.
32 { *Une Vue d'apres Nature, par le même.*
   { Gesigt na 't Leeven, van denselven.
33 Dito.
34 Dito.
35 Dito.
36 Dito.
37 Dito.
38 { *Dito Vue sur le Rhin.*
   { Dito Rhyn Gesigt.
39 { *Dito Vue dans le Tirol.*
   { Dito Gesigt in Tirol.
40 { *La Tour aux Rats, de Sagtleven.*
   { Dito Sagtleeven, de Muise Toorn.
41 { *Dito Vue sur le Rhin.*
   { Dito Ryn Gesigt.
42 Dito.
43 Dito.
44 Dito.
45 { *Dito une Ville sur le bord d'une Riviere.*
   { Dito een Stad aan een Rivier.
46 { *Dito Vue sur le Rhin.*
   { Dito Ryn Gesigt.
47 { *Dito Paysage.*
   { Dito Landschap.
48 Dito.
49 Dito.
50 { *Dito Corn. Sagtleeven; une Maison de Paysan, avec des Figures, sur Velin.*
   { Dito Cornelis Sagtleeven, Boere Huis met figuren, op Parkement.

51 *Dito*

TEEKENINGEN.

51 { *Dito une Grange.*
  Dito Boere-Schuur.

52 { *Dito Payfage, par Doomer.*
  Dito van Doomer, Landfchap.

53 Dito.

54 } *Dito vander Hagen, Maifons de Payfans, avec beau-*
55 } *coup d'Accompagnemens.*
Dito van der Hagen, Boere Huifen met bywerk.

56 { *Vue de Mer par Vitringa.*
  Zee gefigt van Vitringa.

57 Dito.
58 Dito.

59 { *Vue d'une Eclufe par Sonnius.*
  Gefigt van Sonnius, een Sluis.

60 { *Payfage de Paul Bril.*
  Landfchap van Paul Bril.

61 Dito.
62 Dito.

63 { *Dito de Ruysdael, un Moulin a Eau.*
  Dito van Ruysdael, een Watermolen.

64 { *Dito Payfage.*
  Dito Landfchap.

65 Dito.

66 { *Brouwer, une Compagnie de Payfans.*
  Brouwer, Boere Gefelfchap.

67 { *Payfage de P. Moninx; les Murailles d'une Ville, des Clochers, des Bateaux.*
  Landfchap van P. Moninx, een Stads Muur en Toorens, Scheepen.

68 { *Dito un Porte à l'Antique, &c.*
  Dito Antykfe Poort enz.

69 { *Dito de Nieuland, un Edifice Antique.*
  Dito van Nieuland Antick Gebou.

70 { *Une Fille, par Slingeland.*
  Een Meisje, van Slingeland.

71 Dito.

72 Un

DESSEINS.

72 { *Un Homme écrivant à la Chandelle.*
  { Een man Schryvende by de Kaers.

73 { *A. Bloemart, une Vielle.*
  { A. Bloemart, een Oude Vrou.

74 { *Dito, le Sacrifice d'Abraham.*
  { Dito Abrahams Offer.

75 { *A. Meyering, des Montagnes & des Cascades d'apres Nature.*
  { A. Meyering, Berg Gesigt, Watervallen, na 't Leeven.

76 } *Deux portraits, par Eekhout.*
77 } Van Eekhout twee portraiten.

78 { *Deux Têtes, par Goltzius, sur du Velin.*
  { H. Goltzius, twee Hoofden, parkement.

79 { *Un portrait extrêmement fini, par Bailly, sur du Parchemin.*
  { Bailly een portrait zeer uitvoerig op Parkement.

80 { *Un Paysage, & une Riviere, extrêmement finis, par M. Cock.*
  { Van M. Cock Landschap en Rivier, uitvoerig.

81 Dito.

82 { *Paysage, par Vroom.*
  { Dito van Vroom, Landschap.

83 Dito.

84 { *Une Etude, par Metzu.*
  { Een Studie van Metzu.

85 { *Vue d'une Riviere, avec des Bateaux, par van Campen le Muet.*
  { Van Stomme van Campen, Watergesigt met Scheepen.

86 { *Van Gayen, Vue de Schakenbosch, entre la Haye & Leyden.*
  { Van Gayen, Gesigt van Schakenbosch.

87 { *Dito Paysage.*
  { Dito Landgesigt.

88 Dito.
89 Dito.

90 { *Un ancien Batiment par van Berchem.*
  { Dito van Berchem oud Gebou.

91 *Une*

TEEKENINGEN.

91 { Une Tête, très bien travaillée.
   { Een Kop zeer uitvoerig.

92 { Payſage de A. van Everdingen.
   { Landſchap A. van Everdingen.

93 { Bord de la Mer, par W. Schellings.
   { Strand van W. Schellings.

94 { Vue d'Arum, Payſage en Friſe.
   { Geſigt van Arum, Dorp in Friesland.

95 { Une Tête.
   { Een Kop.

96 { Quatre Têtes, par de Geyn.
   { Vier Koppen van de Geyn.

97 { Vue de Meydregt.
   { Geſigt van Meydregt.

98 { La Maiſon de Wulven.
   { 't Huis te Wulven.

99 { Vue de Hermanſtein, près de Coblens.
   { Geſigt van Hermanſtein by Coblens.

100 { Le Chateau Paltz dans le Rhin.
    { Caſteel Paltz in den Ryn.

101 { Figures de Rembrant.
    { Rembrant Figuren.

102 Dito.

103 { Une Tête.
    { Een Kop.

104 { Une Vielle par C. Viſſcher.
    { Van C. Viſſcher, een Oude Vrou.

105 { Dito, d'un Jeune Homme.
    { Dito, van een Jongeling.

106 { Dito, d'un Veillard, très fini.
    { Dito Oud, Man Uitvoerig.

107 { Payſage de J. C. Viſſcher.
    { Landſchap van J. C. Viſſcher.

108 Dito.   109 Dito.
110 Dito.   111 Dito.
112 Dito.   113 Dito.
114 Dito.   115 Dito.
                            116 Dito

DESSEINS.

116 Dito.

117 { Du Sart, des Payſans qui ſe battent.
{ Du Sart, Vegtende Boeren.

118 { Dito, Payſan dormant.
{ Dito, Slapende Boer.

119 { Dito, Payſan fumant.
{ Dito, Rokende Boer.

120 { Dito, Payſan dormant.
{ Dito, Slapende Boer.

121 Dito.

122 { Dito lavé, Nôce de Payſan, remplie de figures.
{ Dito Gewaſſe, Boere Bruiloft vol beelden.

123 { Dito un petit Chien, dormant.
{ Dito een Hondje Slapende.

124 { Dito, le même ſujet.
{ Dito het ſelve.

125 { Rembrant, Portrait.
{ Rembrant, Portrait.

126 { Holbeen, Portrait.
{ Holbeen, Portrait.

127 { Biſſchop d'après Holbeen, le Portrait d'Eduart VI.
{ Biſſchop na Holbeen, Portr. van Eduart de VI.

128 { Rubbens, deux Têtes.
{ Rubbens, twee Koppen.

129 { Une Tête de BW.
{ Een Kop van BW.

130 Dito.

131 { Oſtade, Compagnie de Payſans.
{ Oſtade, Boere Geſelſchap.

132 { Dito, deux Figures.
{ Dito, twee Figuren.

133 { Dito, Ecole de Payſans.
{ Dito, Boere School.

134 { Dito, Compagnie de Payſans, célebrant la Fête des Rois.
{ Dito, Boere Geſelſchap 3. Konings Avond.

135 { Dito, Payſans qui danſent.
{ Dito, Boere-Danſſen.

TEEKENINGEN.

136 { Dito, *Cuisine de Paisans.*
{ Dito, Boere Keuken.

137 { Dito, *Compagnie de Paysans.*
{ Dito, Boere Gefelfchap.

138 Dito.

139 { *V: Stellingwerf, un Village & une Eglife.*
{ V: Stellingwerf, Dorp-gezigt en Kerk.

140 Dito.
141 Dito.
142 Dito.

143 { *J. van Gooyen, une Riviere avec des Bateaux.*
{ J. van Gooyen, Water-gezigt.

144 { *J. van der Ulft, vue de la Porte d'une Ville.*
{ J. van der Ulft, gezigt van een Stads-Poort.

145 Dito.

146 { De Heufch, *Payfage.*
{ De Heufch, Landfchap.

147 { *Molyn, un Hyver, & des Gens qui courent en Patins fur la Glace.*
{ Molyn, een Winter met Schaets-Ryders &c. &c.

148 { *Rembrant, une Maifon de Payfan.*
{ Rembrant, Boeren Huis.

149 { *Dito, une Nuit, avec deux Figures.*
{ Dito, Nagtftuk met twee Fig.

150 { *Quatre Pièces, avec des Têtes Italiennes.*
{ Vier Stuks met Italiaanfe Koppen.

151 { *Quatre Dito.*
{ Vier Dito.

152 { *Quatre Dito.*
{ Vier Dito.

153 { *15 Pièces de diverfes fortes de Reprefentations Orientales & du Pays du Mogòl, très-belles.*
{ 15 Stuks verfcheide foorten Ooft-Indifche en Mogolfche Verbeeldingen, zeer fraey.

154 { *Un dito Portrait, entouré d'Ornemens.*
{ Dito Portrait met Ornamenten rondfom.

155 Twee Dito.

156 Un

DESSEINS.

156 { Un Dito, le Roi de Visapour.
     { Een Dito Koning van Visapour.

157 Dito.
158 Dito.

159 { Dito, un Roi de Perse.
     { Dito Koning van Persien.

160 { Dito, Roi de Visapour.
     { Dito Koning van Visapour.

161 { Dito, un Roi de Siao.
     { Dito Koning van Siao.

162 { Dito, le Fils de Auranzeb.
     { Dito Zoon van Auranzeb.

163 { Dito un Roi de Visapour.
     { Dito Koning van Visapour.

164 { Dito un Roi de Golconda.
     { Dito Koning van Golconda.

165 Dito.

166 { Dito, un Roi de l'Indostan.
     { Dito Koning van Indostan.

167 { Dito un Roi de Golconda.
     { Dito Koning van Golconda.

168 { Dito Portrait, de Figure Ovale plus grand, & enrichi
     {   d'Ornemens, avec le nom de celui qui y est repré-
     {   senté.
     { Dito Portrait Ovael, met Ornamenten, grooter For-
     {   maet, met de Naem der Persoon.

169 Dito.   170 Dito.
171 Dito.   172 Dito.
173 Dito.   174 Dito.
175 Dito.   176 Dito.
177 Dito.   178 Dito.
179 Dito.

180 { Dito le Grand Mogol.
     { Dito den Grooten Mogol.

181 { Dito, son Frère.
     { Dito zyn Broeder.

182 { Dito, un Roi de Golconda.
     { Dito Koning van Golconda.

183 Di-

TEEKENINGEN.

183 { *Dito, Portrait.*
     { Dito Portrait.

184 Dito.	185 Dito.
186 Dito.	187 Dito.
188 Dito.	189 Dito.
190 Dito.	191 Dito.
192 Dito.	193 Dito.
194 Dito.	195 Dito.
196 Dito.	197 Dito.
198 Dito.	199 Dito.
200 Dito.	201 Dito.
202 Dito.	203 Dito.

204 { *Dito Portrait, un peu plus grand.*
     { Dito Portrait, een weinig grooter formaet.

205 { *Dito, un Roi de Visapour.*
     { Dito Koning van Visapour.

206 Dito.	207 Dito.
208 Dito.	209 Dito.
210 Dito.	

211 { *Dito encore plus grand.*
     { Dito nog grooter formaet.

212 Dito.	213 Dito.
214 Dito.	215 Dito.
216 Dito.	217 Dito.
218 Dito.	219 Dito.
220 Dito.	221 Dito.
222 Dito.	223 Dito.
224 Dito.	225 Dito.
226 Dito.	227 Dito.
228 Dito.	229 Dito.
230 Dito.	231 Dito.
232 Dito.	

233 { *Un Dessein très-singulier d'un Chameau, dont tout le Corps est composé d'Hommes & d'Animaux; & sur le Chameau se trouve une Figure, assise dans un Palanquin.*
     { Singuliere Teekening van een Cameel, waar van het geheele Lichaam is saemgestelt van Menschen en Dieren; op de Cameel zit een Figuur, in een Palanquin.

234

DESSEINS.

234 { *Dito, représentant deux Elephants qui se battent.*
	Dito verbeeldende twee Vegtende Oliphanten.

235 { *Deux Patriarches de l'Eglise Grecque, dessinés d'après Nature à Moscou, en* 1666.
	Twee Griekfche Patriarchen, tot Moscou na 't Leeven Getcekent, An°. 1666.

236 { *Corn. du Sart; Représentations Satyriques de Prêtres & de Moines, très-gaillardement & proprement sur du Velin.*
	Cornel. du Sart, Satyrique Verbeeldingen van Papen en Monniken, zeer aardig en uitvoerig, Parkem.

237 Dito.   238 Dito.
239 Dito.   240 Dito.
241 Dito.   242 Dito.
243 Dito.   244 Dito.
245 Dito.   246 Dito.
247 Dito.   248 Dito.
249 Dito.

250 { *Le Buste d'une Vielle.*
	Een Borststuk van een oude Vrouw.

251 { *Deux Paysans Fumans.*
	Rookende Boeren, een Paer.

252 { *Deux dito.*
	Twee dito.

253 { *Un Paysan qui Boit, sur du Papier.*
	Een drinkende Boer, op Papier.

254 { *Un Paysan qui Fume.*
	Rookende Boer.

255 { *Un Paysan Buvant.*
	Drinkende Boer.

256 { *Un Paysan Fumant.*
	Rookende Boer.

257 { *Une Paysane, avec un Enfant sur ses Genoux.*
	Boerin met haar Kint op de Schoot.

258 { *Des Musiciens de Village.*
	Boeren Musicanten.

259 { *Un Maitre d'Ecole de Village.*
	Boeren Schoolmeester.

260 A.

TEEKENINGEN.

260 {*A. van Ostade*, quatre *Paysans qui boivent & qui fument.*
A. van Ostade, vier rookende en drinkende Boeren.

261 {*Donop, une Feuille avec diverses sortes de Fruits, sur du Papier Bleu.*
Donop, een Blad met verscheiden soorten van Vrugten, op Blaeu Papier.

262 {*Portrait du Prince Maurice d'Orange, dont tous les Traits sont faits d'une Ecriture très-fine.*
Portrait van Maurits Pr. van Orange, alle trekken van fyn schrift geschreeven.

263 {*dito Portrait de l'Archiduc Albert.*
dito Portrait van den Aartshertog Albertus.

264 {*dito Portrait de l'Infante Isab. Clara Eugenia.*
dito Portrait van d'Infante Isab. Clara Eugenia.

265 {*dito, la S. Cene de Nôtre Seigneur.*
dito het Avondmaal des Heeren.

Portefeuille C.

Des *Fleurs*, des *Fruits*, des *Oiseaux*, des *Quadrupedes*, &c. en Mignature, par Van Henstenburg, & autres.

Portefeuille C.

Bloemen, Fruit, Vogels, Beesten, &c. Miniatures Van Henstenburg en andere.

1 {*H. Henstenburg; une Ordonnance très Capitale de Fleurs, avec des Animaux, très-magnifique, sur du velin.*
H. Henstenburg, Capitael Bloemstuk met Beesten, zeer uitvoerig, op parkem.

2 {*dito de la même Grandeur, sur du velin.*
dito van grootte als voorgaende, parkem.

3 {*dito, des Fruits, de la même Grandeur, sur velin.*
dito Fruiten, dezelve grootte, parkem.

F 2 4 *dito*

DESSEINS.

4 { dito un Desert, avec des Serpens, des Papillons, des Cascades, des Perspectives, Merveillleusement travaillé, de la même grandeur, sur du velin.
dito een Wildernis, met Slang, Capellen, Waterval, Verschiet, Heerlyk uitgevoert, dezelve grootte, parkem.

5 { dito, un Pot a Fleurs, de la même grandeur, sur du velin.
dito Bloempot, dezelve grootte, parkem.

6 { dito, une Branche d'Arbre en Fleurs, avec des Papillons, sur du velin.
dito een Bloessem Tak, Capellen, parkem.

7 { dito Branche, avec des Oiseaux, sur du velin.
dito Bloessem Tak met Vogels, parkem.

8 { George Denis Ehret, très-grande Ordonnance de Fleurs, sur du velin.
George Denis Ehret, Bloemstuk zeer groot, parkem.

9 { dito Ordonnance de la même grandeur, sur du velin.
dito Bloemstuk dezelve grootte, parkem.

10 { M. S. Merian, des Fleurs, des Chenilles, des Papillons, sur du velin.
M. S. Merian, Bloemen, Ruspen, Capellen, parkem.

11 { dito, sur du velin.
dito, parkem.

12 { dito, Serpens & Fleurs, sur du velin.
dito, Slangen, Bloemen, parkem.

13 { dito Serpens & Fleurs, sur du velin.
dito Slangen, Bloemen, parkem.

14 { dito, grand Lezard, sur du velin.
dito groote Hagedis, parkem.

15 { dito, grand Lezard, sur du velin.
dito groote Hagedis, parkem.

16 { dito, Animal étranger, sur du velin.
dito vreemt Ongediert, parkem.

17 { dito Combat de trois Animaux; sur du velin.
dito Gevegt van drie Dieren, parkem.

18 { J. H. Herolts, Serpent, Papillon, & Branche a Fleurs.
J. H. Herolts, Slang, Capelle, Bloemtak.

19 J.

19
20
22
24

25

26
27
28

29

30
32

34

35
37
39
41
43
45
47
49
51
53
55

57

58

59

60
61
62

63

TEEKENINGEN.

19 { *J. H. Bronkhorst, Fleur.*
    { J. H. Bronkhorst, Bloem.
20 dito.   21 dito.
22 dito.   23 dito.
24 dito.
25 { *P. Withoos, dito.*
    { P. Withoos, dito.
26 dito.
27 dito.
28 dito.
29 { *dito, Fleurs de . . . .*
    { dito Bloemen van . . . .
30 dito.   31 dito.
32 dito.   33 dito.
34 { *dito avec des Papillons.*
    { dito met Capellen.
35 dito.   36 dito.
37 dito.   38 dito.
39 dito.   40 dito.
41 dito.   42 dito.
43 dito.   44 dito.
45 dito.   46 dito.
47 dito.   48 dito.
49 dito.   50 dito.
51 dito.   52 dito.
53 dito.   54 dito.
55 dito.   56 dito.
57 { *dito une Branche de Chesne.*
    { dito een Eiken Tak.
58 { *dito une Branche avec des Fleurs & des Fruits.*
    { dito Tak met Vrugt en Bloem.
59 { *dito, & Papillon.*
    { dito, en Capel.
60 dito.
61 dito.
62 { *dito Rocho van Veen.*
    { dito Rocho van Veen.
63 { *dito de . . . . .*
    { dito van . . . . .

46 DESSEINS.

64 { *Animaux de Bronkhorst, un Elephant, & un Porc-Epic dans un Payfage.*
Beeften Bronkhorft, een Oliphant en Yzer-Verken, in een Landfchap.

65 { *dito un Animal Etranger.*
dito Vreemt Gediert.

66 { *dito, avec des Mouches.*
dito, met Vliegen.

67 dito.
68 dito.

69 { *dito un Singe.*
dito een Aep.

70 { P. Angel, *dito Renoteros.*
P. Angel, dito Renoceros.

71 { Gerh. van Veen, *dito Infecte Etrangere.*
Gerh. van Veen, dito Vreemd Ongediert.

72 dito.

73 { *Van der Aft, dito.*
Van der Aft, dito.

74 { *dito, de . . .*
dito, van . . .

75 { *dito, un Vache.*
dito, een Koe.

76 dito.

77 { *Holftein dito, un Animal Quadrupede.*
Holftein dito, een Viervoetig Dier.

78 { *dito, un Bouc.*
dito Bok.

79 { *dito Animal Etranger.*
dito Vreemd Dier.

80 dito.   81 dito.
82 dito.   83 dito.
84 dito.   85 dito.
86 dito.   87 dito.
88 dito.   89 dito.
90 dito.   91 dito.
92 dito.   93 dito.

94 di-

TEEKENINGEN. 47

94 dito.   95 dito.
96 dito.   97 dito.

98 ⎰ dito, *Animal de Mer.*
   ⎱ dito Zee Gediert.

99 dito.   100 dito.
101 dito.   102 dito.
103 dito.

104 ⎰ *dito P. Holstein, Oiseaux.*
    ⎱ dito P. Holstein, Vogels.

105 dito.   106 dito.
107 dito.   108 dito.
109 dito.   110 dito.
111 dito.   112 dito.
113 dito.   114 dito.
115 dito.   116 dito.
117 dito.   118 dito.
119 dito.   120 dito.
121 dito.   122 dito.
123 dito.   124 dito.
125 dito.   126 dito.

127 ⎰ *dito des Cocqs, des Poules, & des Poulets de grain.*
    ⎱ dito Haenen, Hoenderen, Kuikens.

128 dito.   129 dito.
130 dito.   131 dito.
132 dito.   133 dito.
134 dito.   135 dito.
136 dito.   137 dito.
138 dito.   139 dito.
140 dito.   141 dito.
142 dito.   143 dito.
144 dito.   145 dito.
146 dito.   147 dito.
148 dito.   149 dito.
150 dito.

151 ⎰ *dito des Oiseaux du Pays, & des Oiseaux Etrangers.*
    ⎱ dito Binnen en Buitenlandse Vogels.

152 dito.   153 dito.
154 dito.   155 dito.
156 dito.   157 dito.
158 dito.   159 dito.
                                      160 di-

160 dito.   161 dito.
162 dito.   163 dito.
164 dito.   165 dito.
166 dito.   167 dito.
168 dito.   169 dito.
170 dito.   171 dito.
172 dito.   173 dito.
174 dito.   175 dito.
176 dito.   177 dito.
178 dito.   179 dito.
180 dito.   181 dito.
182 dito.   183 dito.
184 dito.   185 dito.
186 dito.   187 dito.
188 dito.   189 dito.
190 dito.   191 dito.
192 dito.   193 dito.
194 dito.   195 dito.
196 dito.   197 dito.
198 dito.   199 dito.
200 dito.   201 dito.
202 dito.   203 dito.
204 dito.   205 dito.
206 dito.   207 dito.
208 dito.   209 dito.
210 dito.   211 dito.
212 dito.   213 dito.
214 dito.   215 dito.
216 dito.   217 dito.
218 dito.   219 dito.
220 dito.   221 dito.
222 dito.   223 dito.
224 dito.   225 dito.
226 dito.   227 dito.
228 dito.   229 dito.
230 dito.   231 dito.
232 dito.   233 dito.
234 dito.   235 dito.
236 dito.   237 dito.
238 dito.   239 dito.
240 dito.   241 dito.
242 dito.   243 dito.
244 dito.   245 dito.
                                         246 di-

TEEKENINGEN.

246 dito.	247 dito.
248 dito.	249 dito.
250 dito.	251 dito.
252 dito.	253 dito.
254 dito.	255 dito.
256 dito.	257 dito.
258 dito.	259 dito.
260 dito.	261 dito.
262 dito.	263 dito.
264 dito.	265 dito.
266 dito.	267 dito.
268 dito.	269 dito.
270 dito.	271 dito.
272 dito.	273 dito.
274 dito.	275 dito.
276 dito.	277 dito.
278 dito.	279 dito.
280 dito.	281 dito.
282 dito.	283 dito.
284 dito.	285 dito.
286 dito.	287 dito.
288 dito.	

Porte Feuille D.

Oiseaux, &c. de Henstenburg, Bronkhorst, & autres.

Porte Feuille. D.

Vogels, &c. van Henstenberg, Bronkhorst, en andere.

1. De J. Bronkhorst, Groupe remplie d'Oiseaux, & de beaucoup d'Accompagnemens, Pièce Capitale, sur du velin.
   V. J. Bronkhorst, Group van Vogels en Bywerk, Capitael Stuk, parkem.

2. dito, sur du velin.
   dito, parkem.

DESSEINS.

3 { *dito, sur du velin.*
  { dito, parkem.
4 { *dito, sur du velin.*
  { dito, parkem.
5 { *dito, sur du velin,*
  { dito, parkem.
6 { *dito, sur du velin.*
  { dito, parkem.
7 { *dito, Paysage avec des Oiseaux, un Edifice, &c.*
  { dito Landschap met Voogels, Gebouw, &c.
8 { *dito, Groupe avec des Oiseaux, & Accompagnemens,*
  {   *sur du velin.*
  { dito Group, Voogels en Bywerk, parkem.

9 dito.   10 dito.
11 dito.   12 dito.
13 dito.   14 dito.
15 dito.   16 dito.
17 dito.   18 dito.
19 dito.   20 dito.
21 dito.   22 dito.
23 dito.   24 dito.
25 dito.   26 dito.
27 dito.   28 dito.
29 dito.   30 dito.
31 dito.   32 dito.

33 { *dito, un seul Oiseau, & des Branches d'Arbres.*
   { dito enkelde Voogel met Boom-Takken.

34 dito.   35 dito.
36 dito.   37 dito.
38 dito.   39 dito.
40 dito.   41 dito.
42 dito.   43 dito.
44 dito.   45 dito.
46 dito.   47 dito.
48 dito.   49 dito.
50 dito.   51 dito.
52 dito.   53 dito.
54 dito.   55 dito.

56 { *dito, Henstenburg.*
   { dito, Henstenburg.

TEEKENINGEN.

57 dito.
58 { *Holſtein, Oiſeaux Aquatiques.*
    { Holſtein, Watervoogels.

59 dito.	60 dito.
61 dito.	62 dito.
63 dito.	64 dito.
65 dito.	66 dito.
67 dito.	68 dito.
69 dito.	70 dito.
71 dito.	72 dito.
73 dito.	74 dito.
75 dito.	76 dito.
77 dito.	78 dito.
79 dito.	80 dito.
81 dito.	82 dito.
83 dito.	84 dito.
85 dito.	86 dito.
87 dito.	88 dito.
89 dito.	90 dito.
91 dito.	92 dito.
93 dito.	94 dito.
95 dito.	96 dito.
97 dito.	98 dito.
99 dito.	100 dito.
101 dito.	102 dito.
103 dito.	104 dito.
105 dito.	106 dito.
107 dito.	108 dito.
109 dito.	110 dito.
111 dito.	112 dito.
113 dito.	114 dito.
115 dito.	116 dito.
117 dito.	118 dito.
119 dito.	120 dito.
121 dito.	122 dito.
123 dito.	124 dito.
125 dito.	126 dito.
127 dito.	128 dito.
129 dito.	130 dito.
131 dito.	132 dito.
133 dito.	134 dito.
135 dito.	136 dito.

DESSEINS.

137 Dito. 138 Dito.
139 Dito. 140 Dito.
141 Dito. 142 Dito.
143 Dito. 144 Dito.
145 Dito. 146 Dito.
147 Dito. 148 Dito.
149 Dito. 150 Dito.

151 { Dito de W. de Heer, sur' du velin.
     { Dito V. W. de Heer, Parkem.

152 Dito, parkem. velin.
153 Dito, parkem. velin.
154 Dito, parkem. velin.
155 Dito, parkem. velin.
156 Dito, parkem. velin.
157 Dito, parkem. velin.
158 Dito, parkem. velin.

159 { Dito, G. van Veen.
    { Dito, G. van Veen.

160 { Dito de Withoos, Groupe d'Oiseaux.
    { Dito V. Withoos, Group. Voogels.

161 { Dito, une Souris.
    { Dito, Muis.

162 { Roche van Veen, Oiseau.
    { Roche van Veen, Voogel.

163 Dito.

Porte Feuille E.

Papillons, & autres Insectes, de Henstenburg, & autres.

Porte Feuille E.

Cappellen en andere Insecten, van Henstenburg en andere.

1 { Papillon.
  { Cappel.

2 Pa-

TEEKENINGEN.

2. { 2 Papillons, sur une Feuille.
   { 2 Cappellen op een Blad.

3. { J. H. Bronkhorst, trois Papillons.
   { J. H. Bronkhorst, drie Cappellen.

4. { 4 Papillons.
   { 4 Cappellen.

5. { 4 Papillons.
   { 4 Cappellen.

6. { 5 Papillons.
   { 5 Cappellen.

7. { 3 Papillons.
   { 3 Cappellen.

8. { 4 Papillons.
   { 4 Cappellen.

9. { 3 Papillons.
   { 3 Cappellen.

10. { 5 Papillons.
    { 5 Cappellen.

11. { 5 Papillons.
    { 5 Cappellen.

12. { 6 Papillons & Mouches.
    { 6 Cappellen en Vliegen.

13. { 6 Papillons.
    { 6 Cappellen.

14. { 6 Escarbots.
    { 6 Scharrebyters.

15. { 5 Papillons.
    { 5 Cappellen.

16. { 4 Papillons.
    { 4 Cappellen.

17. { 4 Papillons.
    { 4 Cappellen.

18. { 3 Papillons.
    { 3 Cappellen.

19. { 8 Escarbots & Mouches.
    { 8 Scharrebyters en Vliegen.

DESSEINS.

20 { 7 Dito.
     7 Dito.

21 { 11 Papillons & Mouches.
     11 Cappellen en Vliegen.

22 { 9 Mouches & Abeilles.
     9 Vliegen en Byen.

23 { 6 Escarbots.
     6 Scharrebyters.

24 { 7 Dito.
     7 Dito.

25 { 4 Papillons.
     4 Cappellen.

26 Drie dito. *trois dito.*
27 Vier dito. *quatre dito.*
28 Zeven dito. *sept dito.*
29 Vyf dito. *cinq dito.*
30 Twee dito. *deux dito.*
31 Vyf dito. *cinq dito.*

32 { 7 Escarbots.
     7 Scharrebyters.

33 { 7 Papillons.
     7 Cappellen.

34 Zeven dito. *sept dito.*
35 Zes dito. *six dito.*

36 { 7 Papillons & Escarbots.
     7 Cappellen en Scharrebyters.

37 { P. Witboos, 8 Papillons.
     P. Withoos, 8 Cappellen.

38 { 5 Papillons.
     5 Cappellen.

39 Negen dito. *neuf dito.*   40 Acht dito. *huit dito.*
41 Zeven dito. *sept dito.*   42 Zeven dito. *sept dito.*
43 Tien dito. *dix dito.*   44 Acht dito. *huit dito.*
45 Acht dito. *huit dito.*   46 Negen dito. *neuf dito.*
47 Vyf dito. *cinq dito.*   48 Zeven dito. *sept dito.*
49 Zeven dito. *sept dito.*   50 Zeven dito. *sept dito.*
51 Zes dito. *six dito.*

52 { 7 Escarbots & Papillons.
     7 Scharrebyters en Cappellen.

TEEKENINGEN.

53 { 1 *Serpent*, 3 *Papillons & Escarbots*.
   { 1 Slang en 3 Cappellen en Scharrebyters.
54 Dito.
55 { 8 *Papillons*.
   { 8 Cappellen.
56 Zeven dito. *sept dito*.
57 Een dito. *un dito*.
58 { 12 *Escarbots & Mouches*.
   { 12 Scharrebyters en Vliegen.
59 Vyf dito. *cinq dito*.
60 { 1 *Cerf Volant*.
   { 1 Vliegend Hart.
61 { *Sur du Velin*, 10 *Papillons*.
   { Op Parkement, 10 Cappellen.
62 Twaalf dito. *douze dito*.
63 Elf dito. *onze dito*.
64 Elf dito. *onze dito*.
65 Vyf dito. *cinq dito*.
66 Vyf dito. *cinq dito*.
67 { *Roch. van Veen*, 3 *Gueppes*.
   { Roch. van Veen, 3 Puiste Byters.
68 { 5 *Escarbots & Mouches*.
   { 5 Scharrebyters en Vliegen.
69 Vier dito. *quatre dito*.
70 { 2 *Chenilles*.
   { 2 Rupsen.
71 { 4 *Chenilles & Mouches*.
   { 4 Rupsen en Vliegen.
72 { 2 *Chenilles*.
   { 2 Rupsen.
73 Een dito. *une dito*.
74 Twee dito. *deux dito*.
75 { 7 *Insectes*.
   { 7 Insecten.
76 { 8 *Araignées*.
   { 8 Spinnekoppen.

DESSEINS.

77 { 5 Papillons.
    { 5 Cappellen.

Livre F.

Un Livre de 70. Feuilles, remplies de plusieurs Papillons &
autres Insectes, dessinées & peintes d'après Nature par
N. Struyk, en 1709. relié en velin.

Boek F.

Een Boek van 70 Blaeden vol verscheidene Capellen en
andere Insecten, geteekent en geschildert na 't
Leeven door N. Struyk 1709. Hoorn band.

Livre G.

Livre de Perspective, contenant plusieurs Morceaux très
curieusement peints en Detrempe, avec la derniere propreté,
& dans lesquels les Règles de cette Science sont observées
avec un si grand Soin, & une telle Correction, que la vûë est
agreablement frappée du menagement des Jours, des Om-
bres, & des Couleurs emploiées dans toutes les Representa-
tions des diverses Piéces qui composent ce magnifique Recueil,
& dont le plus grand nombre se peut réduire en trois Classes.

La Première représente des Etoiles, des Croix, des Corps
Solides, Cubiques, Piramidaux, des Piéces de Charpente di-
versement emboitées, enchassées, recroisetées, entrelassées
les unes dans les autres, portant des Corps Pleins, à Facet-
cettes, a Jour, en Etoiles, en Piramide &c.

La Seconde fait voir avec admiration des Globes Solides,
taillés a Facettes, en Pointes de Diamant, en Etoiles, en
Lo-

Lozange, avec des Cercles de la Sphere, nattez, entrelassez, &c.

La Troisième *partie contient des Piramides Circulaires Poligonales, & revêtues d'Entrelas, de Nattes, de Candelettes, de Cannelures; d'autres taillées à Facettes, en Pointes de Diamant, en Mosaïque &c. Cette curieuse Collection est terminée par la Coupe d'un Escalier à quatre Noyaux, où se distinguent les Repos, les Paliers, les Rampes, les Murs Lateraux, les Portes, les Fenetres &c. Le tout peint avec le dernière perfection en* 38 *grandes Planches, dont l'exécution fait connoître que ce Chef d'Oeuvre, est sorti des mains d'un Artiste également parfait en Peinture de ce Genre, que sçavant en Perspective. Fol. en veau.*

Boek G.

Een Boek van Perspectif, inhoudende verscheidene Stukken zeer uitvoerig in Waterverf geschildert; in welke de Regulen van de voorschreve Konst zyn waergenomen met zodanige correctheit, dat het gezigt verwondert staet, over de schikking en vloeibaerheit der Lichten, Schaduwen, Coleuren, en Teekening, in alle de Verbeeldingen van dit Werk uitmuntende; het zelve kan voor 't grootste gedeelte geschikt worden in 3 Classen.

De Eerste, verbeeldende Sterren, Kruissen, Corpora Solida, Cubique, Piramidale; verscheidene Stukken Hout, of Timmerwerk op allerhande wyse in en door elkanderen geslooten en gelast, met Facettes, Doorsigtig, Sterr- en Pyramidaels-gewys, &c.

De Tweede, verbeeldende Solide Globes of ronde Lighamen, gesneeden met Facettes, Sterren, Ruiten;

met

met Spherique gevarieërde door elkander gevlogte Banden.

De Derde verbeeldende, allerhande Pyramidale Figuren, zo Rond als Poligonael of Meerhoekig, eenige als vooren, met Facettes, Mofaïq, &c. andere met platte, en gecanneleerde Banden, door elkanderen gevlogten.

Deeze curieufe Collectie word beflooten door een Profil of Doorfnée van een Bordéff-Trap, waer in te fien, de Trappen, Bordeffen, Zydmuuren, Deuren, Venfters, &c., alle gefchildert in d'uiterfte perfectie, op 38 groote Bladen; d'uitvoering van dit Meefterftuk geeft overvloedig te kennen dat het komt uit handen van een Konftenaar, niet min ervaren in de Schilderkonft, als geleert en kundig in de Perfpectif. *Folio in Franfe band.*

Portefeuille H.

Diverfes fortes de Coquillages & Pierres Arborifées, peintes fur du Velin.

Portefeuille H.

Hoorns en Schulpen, en Boomfteenen, alle op Pergament.

1. {*Une Feuille fur la quelle il y a 7. Coquillages*
 Een Blad waer op 7 Hoorns.
2. Zeeven-en-twintig dito. *vingtfept dito.*
3. Twaalf dito. *douze dito.*
4. Agt dito. *huit dito.*
5. Tien dito. *dix dito.*
6. Twaalf dito. *douze dito.*

7 Zeftien

TEEKENINGEN.

7 Zeftien dito. *feize dito.*
8 Negentien dito. *dix-neuf dito.*
9 Vyf dito. *cinq dito.*
10 Agtien dito. *dix-huit dito.*
11 Twaalf dito. *douze dito.*
12 Veertien dito. *quatorze dito.*
13 Agt dito. *huit dito.*
14 Twaalf dito. *douze dito.*
15 Vyf dito. *cinq dito.*
16 Vyftien dito. *quinze dito.*
17 Twe-en-twintig dito. *vingt-deux dito.*
18 Drie dito. *trois dito.*
19 Zeeventien dito. *dix-fept dito.*
20 Veertien dito. *quatorze dito.*
21 Zeftien dito. *feize dito.*
22 Tien dito. *dix dito.*
23 Dertien dito. *treize dito.*
*23 Negentien dito. *dix-neuf dito.*

24 { 15 *Coquilles.*
     15 Schulpen.

25 Veertien Dito. *quatorze dito.*
26 Vyftien dito. *quinze dito.*
27 Elf dito. *onze dito.*
28 Dertien dito. *treize dito.*
29 Veertien dito. *quatorze dito.*
30 Tien dito. *dix dito.*
31 Zeventien dito. *dix-fept dito.*
32 Zeftien dito. *feize dito.*
33 Tien dito. *dix dito.*

34 { 12 *Coquilles ou Productions de Mer.*
     12 Schulpen of Zeegewaffen.

35 { 17 *Differentes fortes de Coquilles.*
     17 Hoorns en Schulpen.

36 { 12 *Productions Marines.*
     12 Zeegewaffen.

37 Agtien dito. *dix-huit dito.*

38 { 15 *Dito & Coquilles.*
     15 Dito en Schulpen.

39 { 15 *Mineraux.*
     15 Mineraelen.

D E S S E I N S.

40 { 12 *Cristaux de Roche.*
     { 12 Berg Cristallen.
41 { 15 *Pierres & Plantes Souterraines.*
     { 15 Steenen en onderaerdse Gewassen.
42 { 8 *Petrifications de Poissons & Coquilles.*
     { 8 Gepetrificeerde Vischen en Schulpen.
43 { 31 *Pierres Arborisées.*
     { 31 Boomsteenen.
44 { 13 *Agates & Pierres Arborisées.*
     { 13 Agaten en Boomsteenen.
45 { 1 *Coquille & 4 Insectes.*
     { 1 Hoorn, en 4 Insecten.
46 { 1 *Dito sur le Papier.*
     { 1 Dito op Papier.
47 Een dito. un dito.
48 Een dito. un dito.
49 Een dito. un dito.
50 Een dito. un dito.
51 Een dito. un dito.
52 Een dito. un dito.
53 Een dito. un dito.
54 Een dito. un dito.
55 Een dito. un dito.
56 Een dito. un dito.
57 Een dito. un dito.
58 Een dito. un dito.
59 Een dito. un dito.

Livre

TEEKENINGEN.

Livre I.

Un Livre avec 14 Vuës, prises sur le Rhin, Peintes d'après Nature en Detrempe, avec les Noms des Endroits qui y sont representez.

Boek I.

Een Boek met 14 Ryngezigten na 't Leeven in Waterverf, met de Namen der Plaetsen, Franse Band.

Portefeuille K.

Desseins Orientaux en Couleurs, représentant des Assemblées, des Portraits, & autres Sujets.

Portefeuille K.

Oost-Indise Teekeningen in Coleuren, verbeeldende Gezelschappen, Portraiten en andere.

1 { Assemblée.
   { Gezelschap.
2 Dito.
3 { Dito, Portrait jusques aux Pieds.
   { Dito, Portrait tot de Voeten toe.
4 Dito.
5 Dito.
6 Dito.
7 { Dito, une Assemblée & quelques Edifices.
   { Dito Gezelschap met Gebouwen.
8 Dito.
9 Dito.

10 Di-

DESSEINS

10 { Dito Portrait.
   { Dito Portrait.
11 Dito.
12 { Dito, une Fleur d'une Ordonance singuliere.
   { Dito een Bloem van singuliere Ordonnantie.
13 Dito Figuur.
14 Dito.
14 Dito.
16 Dito.
17 { Dito, une Chasse.
   { Dito een Jagt.
18 Dito.
19 Dito.
20 Dito.
21 Dito.
22 { Dito, des Femmes qui se baignent.
   { Dito badende Vrouwen.
23 { Dito, Combat d'Animaux.
   { Dito Dieren Gevegt.
24 { Dito, Chasse aux Elephants.
   { Dito Oliphants Jagt.
25 { Dito, Portrait jusques aux Pieds.
   { Dito Portrait tot de Voeten.
26 { Dito, une Assemblée de Dames.
   { Dito Gezelschap van Vrouwen.
27 Dito.
28 Dito.
29 Dito.
30 Dito.
31 { Dito, des Elephants.
   { Dito Oliphanten.
32 { Dito, une Assemblée.
   { Dito Gezelschap.
33 Dito.
34 Dito.
35 Dito.
36 Dito.
37 Dito.

38 Di-

TEEKENINGEN.

38 Dito.
39 Dito.
40 { Dito, Portrait jusques aux Pieds.
    { Dito Portrait tot de Voeten.
41 Dito.
42 Dito.
43 { Dito, une Assemblée.
    { Dito Gezelschap.
44 Dito.
45 Dito.
46 { Dito, une Compagnie a Cheval.
    { Dito te Paerd,
47 { Dito, une Assemblée.
    { Dito Gezelschap.
48 Dito.
49 Dito.
50 Dito.
51 Dito.
52 Dito.
53 { Dito, Portrait.
    { Dito Portrait.
54 { Dito Assemblée.
    { Dito Gezelschap.
55 { Dito Portrait.
    { Dito Portrait.
56 Dito.
57 { Dito, un Roi a Cheval, & quantité de Figures.
    { Dito, een Koning te Paerd, vol Beelden.
58 { Dito, une Chasse aux Lions.
    { Dito Leeuwen Jagt.
59 { Dito la Marche d'un Roi sur un Elephant, & quantité
      de Figures.
    { Dito Marsch van een Koning op een Oliphant, vol
      Beelden.
60 { Dito, un Portrait.
    { Dito een Portrait.
61 Dito.

62 Dito.
63 Dito.
64 Dito,
65 {Dito une *Assemblée*.
   Dito Gezelschap.
66 Dito.
67 Dito.
68 Dito.
69 {*Dito, le Tamerlan sur son Throne, entouré de ses Courtisans, avec leurs Noms.*
   Dito Tamerlan op zyn Throon, daar neevens Hovelingen, met haare Namen beschreeven.
70 {*Dito, un Sultan avec ses Courtisans.*
   Dito, een Sultan en zyne Hovelingen.
71 {*Dito, comme ci-dessus.*
   Dito als vooren.

F I N I S.

www.ingramcontent.com/pod-product-compliance
Lightning Source LLC
Chambersburg PA
CBHW070258230526
45470CB00002B/633